27 mars 1775
Prougée

8° V 36
1608

Notice

NOTICE,

DE GOUACHES,

DESSINS, ESTAMPES,

EN FEUILLES,

SOUS VERRE ET EN VOLUMES;

Dont la vente se fera Lundi (27 Mars 1775.) & jours suivans, rue Dauphine, à l'Hôtel d'Espagne.

Cette Notice se distribue chez le sieur Piauger, rue de la Comédie Françoise, maison de M. Delalain, Libraire.

A PARIS;

De l'Imprimerie de DEMONVILLE, Imprimeur-Libraire, rue Saint Severin.

M. DCC. LXXV.

NOTICE,

De Gouaches, Deſſins, Eſtampes, en feuilles, ſous verre & en volumes.

1. Les Pénitens, par Criſpin Depas, faiſant vingt-ſept Pieces.
2. Cinquante-deux Marines, Payſages, par Veiroter, Spilman, &c.
3. Treize Pieces, d'après Wouvermans, dont huit par Moyreau, une par Chedel, & quatre par M. Cochin, &c.
4. Vingt - cinq Payſages, de Perelle, Williams, Ryſdael, &c.
5. La Voluptueuſe, l'Enfant tenant un chien, d'après M. Greuze, par Porporati & Gaillard; & quatre autres Pieces.
6. Dix-neuf Pieces, de la Fage.
7. Sept, de Goltzius, & autres.
8. Suite de l'ancien & nouveau Teſtament, par Leclerc, en cent quarante Pieces.

9. Cinq Pieces, d'après Rubens, dont le *quos ego*, par Daullé.

10. Six Payfages , d'après Pillement, par Woollett, Elliott, &c. dont quatre avant la lettre.

11. Six Pieces, dont la pêche au Crocodile, d'après Boucher, par Molés.

12. Trois, d'après Teniers, dont les Œuvres de Miféricorde, par Lebas.

13. Plafonds & autres Sujets, compofans dix Pieces.

14. Douze manieres noires , dont le Rabbi.

15. Vingt Pieces, de Lajoue & Rigaud.

16. Sept, d'après Claude le Lorrain, Pannini , &c.

17. Sept, d'après Gandini, Luc Jordan, Champagne , &c.

18. Trente manieres de crayon, par Demarteau.

19. Douze Portraits, d'après Vandeik, par Bolfwert, Voftermans , Pontius, &c.

20. Le Mathématicien & la Forge, belles manieres noires , par Earlom & Pether.

21. Trente - quatre Pieces, dont une fuite de la vie de Jefus, eau - forte de Parrocel,

22. Neuf Pieces de Rembrandt.

23. Trente, de Gesner & autres.

24. Quatre, d'après M. Greuze, dont le Pere de Famille, avant la retouche.

25. Trente-six Eaux-fortes, d'Ostade, Bega & Dassonville.

26. Trente-neuf, de Prestel.

27. Six pieces, d'après Girard Dow, Boucher, &c. dont Silvie délivrée par Aminte.

28. Vingt-quatre portraits, dont ceux de Jouvenet, Puget, Bon de Boullogne, Antoine Coipel, Collin de Vermont, &c.

29 Le Retour du Marché, d'après Wouvermens; le *Te Deum*, d'après Carle Maratte, par Strange; & la Famille du Fermier, d'après M. Fragonard, par Beauvarlet.

30. Six Pieces, de Goltzius, Spranger, &c.

31. Quatre, par Visscher; d'après Wouvermans, Laër, &c.

32. Trente, par Callot, dont la Tentation de Saint Antoine; les petites Miseres de la Guerre; l'Enfant prodigue, &c.

33. Vingt-une manieres de crayon, par Demarteau.

34. Dix-huit manieres noires.

35. Sept Payſages, d'après Zuccarelli, Pouſſin, Claude le Lorrain, &c. par Vivarès & Byrne.

36. Sept Pieces, par Wille, &c.

37. Trois manieres noires, dont le Temps qui coupe les aîles à l'amour, par Marc-Ardelle.

38. Trois Pieces dont le Coup de Vent, d'après M. Vernet, par Charpentier.

39. Le Mariage de la Vierge, & le Chriſt au Capucin, d'après Rubens, par Bolſwert.

40. Quatre Pieces, de la Galerie de Dreſde.

41. Six Pieces, d'après Pillement, dont cinq avant la lettre.

42. La grande Pêche miraculeuſe, & deux autres Pieces, d'après Rubens.

43. Vingt-deux Payſages & Marines.

44. Trente manieres de crayon, par Demarteau.

45. Treize manieres noires.

46. Six autres, dont le Portrait de Louis XVI.

47. Trois Pieces, dont la Tentation de Saint Antoine, d'après Teniers, par Sullivan.

48. Six pieces, d'après Wouvermans, Watteau & Boucher.

49. Trois manieres noires, dont la Chaste Susanne , d'après Rembrandt , par Earlom.

50. Remus & Romulus, son pendant, par Strange.

51. Six Pieces d'Anatomie colorées, par Gautier.

52. Trois Paysages & un Sujet historique , d'après Rubens.

53. Le Cardinal Dubois & de Lamet, par Drevet.

54. Vue de Naples, & le Phaëton, par Woollett & Vivarès.

55. Quatre Pieces, par Corneille & Jean Visscher.

56. Six Pieces , d'après Boucher , par Gaillard.

57. Douze Portraits, d'après Vandeick , dont trois eaux-fortes, par lui-même.

58. Renaud & le Concert , par Picard.

59. Six Pieces , d'après Boucher , par Daullé, Gaillard & Leveau.

60. L'Observateur Distrait , le Jeune Joueur d'Instrument , la Cuisiniere Hollandoise & la Gazetiere , par Wille.

61. Georges II , & trois autres Portraits, par Baron, &c.

62. Les Muſiciens ambulans, vigoureuſe
  épreuve, par Wille.
63. L'Accordée de Village, des premieres épreuves, d'après M. Greuze,
  par Flipart.
64. Deux manieres noires, dont la
  Vierge, d'après Carle Maratte ; avant
  la lettre.
65. Deux autres, dont une d'après Rembrandt ; par Dixon.
66. Vingt Pieces, de Callot & Labelle.
67. Six, d'après Lencret, &c.
68. Les quatre Saiſons, & deux autres,
  de Pillement ; le tout avant la lettre.
69. Les Enfans de Betume , & le pendant, par Beauvarlet & Melini.
70. Famille de Darius, d'après Mignard,
  par Edelinck.
71. Trois Pieces, d'après Vandeik, par
  Bolſwert, Pontius & Baron.
72. Grandes Marines, d'après M. Vernet,
  par Lebas ; & deux autres Pieces,
  d'après M. le Prince, par Gaillard.
73. Le grand Copenol, de Rembrandt.
74. La Famille de Cornaro, d'après le Titien, par Baron ; & deux autres Pieces,
  par Sadeler.
75. Tabagie, d'après Duſart, par Wool-

lett , & deux Payſages, par Elliot &
Maſſon.

76. Le Silence, d'après M. Greuze, par
Jardinier, avec la faute.

77. L'Ecole d'Athenes, d'après Raphael,
& quatre autres Pieces.

78. Trois Pieces, dont Latone, d'après
Carrache.

79. Louis le Grand, par Drevet.

80. Six Pieces, d'après Watteau , dont
l'Accordée de Village & l'Enſeigne.

81. Le Prince de Conti, d'après Vivien,
par Jean Audran.

82. Soixante - onze différentes Eaux-
fortes, par Lenoir & autres.

83. Dix - huit Payſages & Marines.

84. Le Geſte Napolitain , d'après M.
Greuze, & les Œufs caſſés , avant la
lettre.

85. Les Offres réciproques, vigoureuſe
épreuve, par Wille.

86. M. le Comte d'Artois & Madame,
par Beauvarlet.

87. Le Triomphe de Silene , d'après
Vanloo ; l'Enlevement d'Europe, Ti-
ton & l'Aurore, d'après M. Pierre ;
le tout par Lempereur.

88. La Ducheſſe de Lancaſtre, maniere
noire, par Dixon.

89. Vingt - quatre Sujets colorés ; par Gautier.

90. Le Jardin d'Amour & le Festin Espagnol, par Lempereur.

91. Quatre Pieces , dans le genre de Bartholozi.

92. Trente-une Pieces, par Nothnagel.

93. Tempête, par Balechou.

94. Le Duc de Brunswick , par M. de Marcenay.

95. Niobé & Phaéton , par Woolett.

96. Quatre Pieces , d'après M. Leprince, par Gaillard.

97. Les Baigneuses, par Balechou.

98. Douze Feuilles de Fruits & Fleurs des Indes , très-bien colorées.

99. Sept Pieces, d'après Berghem, Moucheron, Boucher, &c.

100. Onze Paysages, par Lebas, Major, Chédel , &c.

101. Seize Pieces , d'après Lesueur & autres.

102. Vingt-deux Soldats, Statues, &c. par Louterbourg & autres.

103. Cinquante-huit Moutons, & autres Animaux, de Berghem & Labelle.

104. Quarante-quatre Têtes, Paysages, Animaux, par Hollard.

105. Vingt-huit Eaux-fortes, de Bega ;
Oſtade , &c.

106. Cinq Pieces du Crozat , d'après le
Titien, Paul Veroneſe, Jules Romain,
Raphaël , &c. dont Lantiope & la
Circoncifion.

107. Quatorze Sujets , par Viſſcher , &
autres , dont la Bohémiene & le
Vielleur.

108. Quatre Pieces , de Rubens , Vandeick, dont la Fricaffeuſe, par Wiſſcher.

109. Saint-Jean dans le déſeit , d'après
Raphaël , & une Vierge d'après le
Correge.

110. Huit Sujets de la Fable , & Payſages, d'après le Pouſſin & Lalbane.

111. Cinq Pieces , d'après le Pouſſin
Coipel.

112. Le Bacha , d'après Vanloo, par
Lépicié , & le Mariage de Pſiché,
d'après Boucher , par Beauvarlet.

113. La Vie de S. Gregoire , en ſept
morceaux, d'après Vanloo.

113. Le Gâteau des Rois , d'après Van-
liborgh ; Lyncus , d'après M. Du-
mont ; la Galaté , d'après Carle-Ma-
rate.

115. La Continence de Scipion , & la
Famille de Gerbier , gravés à Londres d'après Vandeik.

116. Trois Pieces, dont Charles I, d'après Vandeik, par Strange.

117. Le Procureur & ses Cliens, & Sophronise, par Ravenet & Walker.

118 Samuel Bernard, d'après Rigaud, par Drevet.

119. Le grand Paysage de la Galerie de Dresde, d'après Berghem, par Alliamet, avant la Lettre.

120. Les Cotagers, & le Pendant, par Voollett.

121. Quatre Manieres noires, dont le Roi de Dannemarck.

122. Trois autres, dont une Vestale, par Humphrey.

123. Deux autres, Vénus & Cupidon, & le Temps qui coupe les ailes à l'Amour, par Gréen.

124. La Famille de Rubens, par Marc Ardelle.

165. Sainte Genevieve, d'après Vanloo, gravée à Londres.

126 Deux Manieres noires, dont un Paysage, par Earlom.

127. Soixante & onze différens Vases, par le Pautre, Saly, &c.

128. Les Fêtes du Roi Guillaume, par R. Deehooge, en seize Pieces; & la Procession des Francs-Maçons, en deux feuilles, par Benoit.

129. Seize Pieces , d'après Rubens ;
dont la Broyeuſe de couleurs , & la
Charité Romaine.

130. Une ſuite de cinquante - trois Payſages , & animaux , gravés à Londres , par Smith , d'après Rembrant
• & de ſa compoſition.

131. Suite de la Maſcarade à la Grecque ;
ſur papier bleu, réhauſſé de blanc.

132. Quarante - une Pieces de Friſe, par
Labelle & Brebiette.

133. Vingt-neuf Payſages , par Berghem, Voos, &c.

134. Trente & une Pieces , par Daſ-
ſonville & le Noir.

135. Vingt-cinq Eaux-fortes , par Oſtade
& Bega.

136. Dix-huit Payſages , de Ruiſdal ;
&c.

137. Quarante vignettes, de Gravelot,
M. Cochin & Eiſen , par Aliamet ,
Lemire , &c.

138. Les grandes Batailles d'Alexandre ,
d'après Lebrun , par Audran & Edelinck , anciennes épreuves avec le
nom de Goyton.

139. Différens Lots qui ſeront divi-
ſés, & pluſieurs Planches de cuivre.

Eſtampes en volumes.

140. Les différens habillemens des Na-
tions du Levant en cent deux Planches, avec explication & Muſique.
141. Architecture, par Bibien, contenant cinquante - trois Planches.
142 Suite de l'Œuvre de Bourdon ;
contenant ſoixante - ſix Pieces, dont
les ſept Œuvres de Miſéricorde ,
gravé en grand par lui - même.
143. Le Cabinet des Beaux-Arts, ou
Recueil d'Eſtampes, d'après les Ta-
bleaux où les beaux-Arts ſont repré-
ſentés.
144. Volume contenant cent ſoixante-
dix Pieces, par Sadeler & Criſpin
de Pas, dont cent vingt - cinq des
Hermites & Solitaires, & divers Sujets de l'Hiſtoire Grecque.
145. Les Travaux d'Ulyſſe peints à Fon-
tainebleau par le Primatice.
146. Le Temple des Muſes, de l'Abbé
de Marolles , en ſoixante Planches,
par Bloëmaërt, d'après Diepinbeck,
des premieres Epreuves.
147. Suite de cent ſoixante-deux Payſages , par Perelles.

(15)

148. Diverſes vues de Paris ; des plus
beaux Palais & Châteaux des envi-
rons, ainſi que diverſes vues de Rome
& de Florence, par Iſraël Sylveſtre.
149. Galerie du Palais de Farneſe & .
Panfile, d'après le Carache, de P.
Cortone.
150. Les Métamorphoſes d'Ovide, en
cent quarante planches, gravées par
Lemire, Saint-Aubin, &c. d'après
Boucher, Eiſen, & autres, relié &
doré ſur tranche.
151 Le Temple de Gnide, d'après Eiſen,
par Lemire, premieres Epreuves.
152 Les ruines de Poſidania, Ville de
l'Anciene Grece.

Deſſins.

153 Six Deſſeins, dont deux Marines,
par Flegmuller.
154. Cinq autres, dont un de Jor-
deans.
155. Deux de Pillement à la pierre
noire.
156 Deux jolis Payſages, à la pierre
noire, & un coloré.
157 Quatre, dont une allégorie, à
l'encre de la Chine, par Eiſen.

158. Deux au biftre, par Dunker.
159. Deux colorés, par Huet.
160. Deux gouaches, par le même.
161. Deux Payfages, colorés, par Pe-
rignon.
162. Deux Marines à l'encre de la Chine,
par Vaugoyen.
163. Le Portrait de Louis XIV, belle
miniature, par Petitot.
164. Différens Articles de Gouaches,
Deffins & Eftampes, montés fous
verre avec bordures, qui feront
divifés.

Lu & approuvé, ce 24 Mars 1775. COCHIN.

Vu l'Approbation, permis d'imprimer, ce
24 Mars 1775. LE NOIR.